KUMON℠
MATH. READING. SUCCESS.

What is Kumon?

Kumon is the world's largest supplemental education provider and a leader in producing outstanding results. After-school programs in math and reading at Kumon Centers around the globe have been helping children succeed for 50 years.

Kumon Workbooks represent just a fraction of our complete curriculum of preschool-to-college-level material assigned at Kumon Centers under the supervision of trained Kumon Instructors.

The Kumon Method enables each child to progress successfully by practicing material until concepts are mastered and advancing in small, manageable increments. Instructors carefully assign materials and pace advancement according to the strengths and needs of each individual student.

Students usually attend a Kumon Center twice a week and practice at home the other five days. Assignments take about twenty minutes.

Kumon helps students of all ages and abilities master the basics, improve concentration and study habits, and build confidence.

How did Kumon begin?

IT ALL BEGAN IN JAPAN 50 YEARS AGO when a parent and teacher named Toru Kumon found a way to help his son Takeshi do better in school. At the prompting of his wife, he created a series of short assignments that his son could complete successfully in less than 20 minutes a day and that would ultimately make high school math easy. Because each was just a bit more challenging than the last, Takeshi was able to master the skills and gain the confidence to keep advancing.

This unique self-learning method was so successful that Toru's son was able to do calculus by the time he was in the sixth grade. Understanding the value of good reading comprehension, Mr. Kumon then developed a reading program employing the same method. His programs are the basis and inspiration of those offered at Kumon Centers today under the expert guidance of professional Kumon Instructors.

Mr. Toru Kumon
Founder of Kumon

What can Kumon do for my child?

Kumon is geared to children of all ages and skill levels. Whether you want to give your child a leg up in his or her schooling, build a strong foundation for future studies or address a possible learning problem, Kumon provides an effective program for developing key learning skills given the strengths and needs of each individual child.

What makes Kumon so different?

Kumon uses neither a classroom model nor a tutoring approach. It's designed to facilitate self-acquisition of the skills and study habits needed to improve academic performance. This empowers children to succeed on their own, giving them a sense of accomplishment that fosters further achievement. Whether for remedial work or enrichment, a child advances according to individual ability and initiative to reach his or her full potential. Kumon is not only effective, but also surprisingly affordable.

What is the role of the Kumon Instructor?

Kumon Instructors regard themselves more as mentors or coaches than teachers in the traditional sense. Their principal role is to provide the direction, support and encouragement that will guide the student to performing at 100% of his or her potential. Along with their rigorous training in the Kumon Method, all Kumon Instructors share a passion for education and an earnest desire to help children succeed.

KUMON FOSTERS:

- A mastery of the basics of reading and math
- Improved concentration and study habits
- Increased self-discipline and self-confidence
- A proficiency in material at every level
- Performance to each student's full potential
- A sense of accomplishment

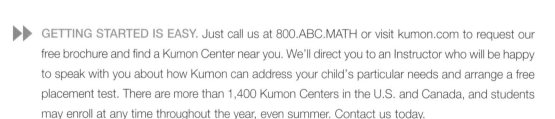

▶▶ GETTING STARTED IS EASY. Just call us at 800.ABC.MATH or visit kumon.com to request our free brochure and find a Kumon Center near you. We'll direct you to an Instructor who will be happy to speak with you about how Kumon can address your child's particular needs and arrange a free placement test. There are more than 1,400 Kumon Centers in the U.S. and Canada, and students may enroll at any time throughout the year, even summer. Contact us today.

FIND OUT MORE ABOUT KUMON MATH & READING CENTERS.
Receive a free copy of our parent guide, *Every Child an Achiever,* by visiting
kumon.com/go.survey or calling 800.ABC.MATH

Subtracting 1 and 2

1−1 to 10−1

Name

Date

To parents

Starting with this page, your child will review subtracting the numbers 1 through 5. Please have your child use the number chart as a guide. Some answers will be 0. If your child has a difficult time grasping the concept of 0, allow the repeated exercises to help familiarize him or her with the idea.

■ Subtract the numbers below.

(1) 2 − 1 =

(2) 3 − 1 =

(3) 4 − 1 =

(4) 5 − 1 =

(5) 6 − 1 =

(6) 7 − 1 =

(7) 8 − 1 =

(8) 9 − 1 =

(9) 10 − 1 =

(10) 5 − 1 =

(11) 4 − 1 =

(12) 3 − 1 =

(13) 2 − 1 =

(14) 1 − 1 = 0

(15) 9 − 1 =

(16) 6 − 1 =

(17) 1 − 1 =

(18) 10 − 1 =

(19) 8 − 1 =

(20) 7 − 1 =

| 0 | 1 | 2 | 3 | 4 | 5 | 6 | 7 | 8 | 9 | 10 |

2-2 to 10-2

■ Subtract the numbers below.

(1) $3 - 2 =$

(2) $4 - 2 =$

(3) $5 - 2 =$

(4) $6 - 2 =$

(5) $7 - 2 =$

(6) $8 - 2 =$

(7) $9 - 2 =$

(8) $10 - 2 =$

(9) $6 - 2 =$

(10) $5 - 2 =$

(11) $4 - 2 =$

(12) $3 - 2 =$

(13) $2 - 2 =$

(14) $7 - 2 =$

(15) $10 - 2 =$

(16) $8 - 2 =$

(17) $2 - 2 =$

(18) $10 - 2 =$

(19) $2 - 2 =$

(20) $9 - 2 =$

| 0 | 1 | 2 | 3 | 4 | 5 | 6 | 7 | 8 | 9 | 10 |

Name
Date

To parents

Learning to subtract the numbers 1 through 5 will build a foundation for more complicated subtraction skills. Please encourage your child to practice until he or she can complete the exercise easily without counting fingers or getting confused. When your child is unsure of his or her answer, encourage him or her to check the answer by adding the result to the number subtracted.

■ Subtract the numbers below.

(1) $4 - 3 =$

(2) $5 - 3 =$

(3) $6 - 3 =$

(4) $7 - 3 =$

(5) $8 - 3 =$

(6) $9 - 3 =$

(7) $10 - 3 =$

(8) $7 - 3 =$

(9) $6 - 3 =$

(10) $5 - 3 =$

(11) $4 - 3 =$

(12) $3 - 3 =$

(13) $8 - 3 =$

(14) $9 - 3 =$

(15) $10 - 3 =$

(16) $3 - 3 =$

(17) $8 - 3 =$

(18) $10 - 3 =$

(19) $9 - 3 =$

(20) $7 - 3 =$

0	1	2	3	4	5	6	7	8	9	10

4–4 to 10–5

■ Subtract the numbers below.

(1) 5 − 4 =

(2) 6 − 4 =

(3) 7 − 4 =

(4) 8 − 4 =

(5) 9 − 4 =

(6) 10 − 4 =

(7) 7 − 4 =

(8) 6 − 4 =

(9) 5 − 4 =

(10) 4 − 4 =

(11) 6 − 5 =

(12) 7 − 5 =

(13) 8 − 5 =

(14) 9 − 5 =

(15) 10 − 5 =

(16) 9 − 5 =

(17) 8 − 5 =

(18) 7 − 5 =

(19) 6 − 5 =

(20) 5 − 5 =

| 0 | 1 | 2 | 3 | 4 | 5 | 6 | 7 | 8 | 9 | 10 |

3 Review
Subtracting 1 to 5

Name

Date

■ Subtract the numbers below.

(1) $1 - 1 =$

(2) $2 - 2 =$

(3) $2 - 1 =$

(4) $3 - 1 =$

(5) $3 - 3 =$

(6) $3 - 2 =$

(7) $4 - 2 =$

(8) $4 - 3 =$

(9) $4 - 4 =$

(10) $4 - 1 =$

(11) $5 - 1 =$

(12) $5 - 3 =$

(13) $5 - 2 =$

(14) $5 - 4 =$

(15) $5 - 5 =$

(16) $6 - 1 =$

(17) $6 - 3 =$

(18) $6 - 4 =$

(19) $6 - 2 =$

(20) $6 - 5 =$

■ Subtract the numbers below.

(1) $7 - 2 =$

(2) $7 - 1 =$

(3) $7 - 4 =$

(4) $7 - 3 =$

(5) $7 - 5 =$

(6) $8 - 3 =$

(7) $8 - 2 =$

(8) $8 - 1 =$

(9) $8 - 5 =$

(10) $8 - 4 =$

(11) $9 - 3 =$

(12) $9 - 2 =$

(13) $9 - 1 =$

(14) $9 - 5 =$

(15) $9 - 4 =$

(16) $10 - 3 =$

(17) $10 - 1 =$

(18) $10 - 4 =$

(19) $10 - 2 =$

(20) $10 - 5 =$

Subtracting 6 and 7

6–3 to 10–6

Name

Date

To parents
Starting with this page, your child will learn to subtract 6 and 7.
This section only contains subtraction without borrowing.

■ Subtract the numbers below.

(1) $7 - 3 =$

(2) $7 - 4 =$

(3) $7 - 5 =$

(4) $7 - 6 =$

(5) $8 - 3 =$

(6) $8 - 4 =$

(7) $8 - 5 =$

(8) $8 - 6 =$

(9) $9 - 4 =$

(10) $9 - 5 =$

(11) $9 - 6 =$

(12) $10 - 4 =$

(13) $10 - 5 =$

(14) $10 - 6 =$

(15) $6 - 3 =$

(16) $6 - 4 =$

(17) $6 - 5 =$

(18) $6 - 6 =$ $\bigcirc$

(19) $10 - 6 =$

(20) $6 - 6 =$

| 0 | 1 | 2 | 3 | 4 | 5 | 6 | 7 | 8 | 9 | 10 |

8-3 to 10-7

■ Subtract the numbers below.

(1) $8 - 3 =$

(2) $8 - 4 =$

(3) $8 - 5 =$

(4) $8 - 6 =$

(5) $8 - 7 =$

(6) $9 - 3 =$

(7) $9 - 4 =$

(8) $9 - 5 =$

(9) $9 - 6 =$

(10) $9 - 7 =$

(11) $10 - 3 =$

(12) $10 - 4 =$

(13) $10 - 5 =$

(14) $10 - 6 =$

(15) $10 - 7 =$

(16) $7 - 5 =$

(17) $7 - 6 =$

(18) $7 - 7 =$

(19) $10 - 7 =$

(20) $7 - 7 =$

| 0 | 1 | 2 | 3 | 4 | 5 | 6 | 7 | 8 | 9 | 10 |

Subtracting 8 and 9

9-3 to 10-8

Name

Date

To parents
Starting with this page, your child will learn to subtract 8 and 9.
This section only contains subtraction without borrowing.

■ Subtract the numbers below.

(1) $9 - 3 =$

(2) $9 - 4 =$

(3) $9 - 5 =$

(4) $9 - 6 =$

(5) $9 - 7 =$

(6) $9 - 8 =$

(7) $10 - 3 =$

(8) $10 - 4 =$

(9) $10 - 5 =$

(10) $10 - 6 =$

(11) $10 - 7 =$

(12) $10 - 8 =$

(13) $8 - 5 =$

(14) $8 - 6 =$

(15) $8 - 7 =$

(16) $8 - 8 =$

(17) $10 - 8 =$

(18) $8 - 8 =$

(19) $9 - 8 =$

(20) $10 - 8 =$

| 0 | 1 | 2 | 3 | 4 | 5 | 6 | 7 | 8 | 9 | 10 |

■ Subtract the numbers below.

(1) $10 - 1 =$

(2) $10 - 2 =$

(3) $10 - 3 =$

(4) $10 - 4 =$

(5) $10 - 5 =$

(6) $10 - 6 =$

(7) $10 - 7 =$

(8) $10 - 8 =$

(9) $10 - 9 =$

(10) $10 - 6 =$

(11) $10 - 7 =$

(12) $10 - 8 =$

(13) $10 - 9 =$

(14) $9 - 5 =$

(15) $9 - 6 =$

(16) $9 - 7 =$

(17) $9 - 8 =$

(18) $9 - 9 =$

(19) $10 - 9 =$

(20) $9 - 9 =$

| 0 | 1 | 2 | 3 | 4 | 5 | 6 | 7 | 8 | 9 | 10 |

■ Subtract the numbers below.

(1) $1 - 1 =$

(2) $2 - 1 =$

(3) $2 - 2 =$

(4) $3 - 2 =$

(5) $3 - 3 =$

(6) $3 - 1 =$

(7) $4 - 1 =$

(8) $4 - 4 =$

(9) $4 - 3 =$

(10) $4 - 2 =$

(11) $5 - 2 =$

(12) $5 - 3 =$

(13) $5 - 1 =$

(14) $5 - 4 =$

(15) $5 - 5 =$

(16) $6 - 3 =$

(17) $6 - 5 =$

(18) $6 - 1 =$

(19) $6 - 2 =$

(20) $6 - 4 =$

Subtracting 1 to 7

■ Subtract the numbers below.

(1) $6 - 1 =$

(2) $6 - 6 =$

(3) $6 - 4 =$

(4) $6 - 2 =$

(5) $6 - 5 =$

(6) $6 - 3 =$

(7) $7 - 2 =$

(8) $7 - 5 =$

(9) $7 - 4 =$

(10) $7 - 6 =$

(11) $7 - 3 =$

(12) $7 - 7 =$

(13) $7 - 1 =$

(14) $8 - 3 =$

(15) $8 - 5 =$

(16) $8 - 2 =$

(17) $8 - 1 =$

(18) $8 - 4 =$

(19) $8 - 7 =$

(20) $8 - 6 =$

Review

Subtracting 1 to 9

Name

Date

■ Subtract the numbers below.

(1)　$8 - 3 =$

(2)　$8 - 8 =$

(3)　$8 - 4 =$

(4)　$8 - 6 =$

(5)　$8 - 1 =$

(6)　$8 - 7 =$

(7)　$8 - 5 =$

(8)　$8 - 2 =$

(9)　$9 - 4 =$

(10)　$9 - 2 =$

(11)　$9 - 7 =$

(12)　$9 - 1 =$

(13)　$9 - 8 =$

(14)　$9 - 5 =$

(15)　$9 - 9 =$

(16)　$9 - 3 =$

(17)　$9 - 6 =$

(18)　$10 - 3 =$

(19)　$10 - 1 =$

(20)　$10 - 2 =$

■ Subtract the numbers below.

(1) $10 - 4 =$

(2) $10 - 8 =$

(3) $10 - 6 =$

(4) $10 - 7 =$

(5) $10 - 2 =$

(6) $10 - 5 =$

(7) $10 - 1 =$

(8) $10 - 3 =$

(9) $10 - 9 =$

(10) $7 - 4 =$

(11) $7 - 2 =$

(12) $7 - 6 =$

(13) $7 - 3 =$

(14) $8 - 4 =$

(15) $8 - 5 =$

(16) $8 - 1 =$

(17) $9 - 9 =$

(18) $9 - 7 =$

(19) $9 - 8 =$

(20) $9 - 1 =$

8 Subtracting from 10

10 − 1 to 10 − 10

Name

Date

To parents
Now that your child is able to subtract the numbers 1 through 9, he or she will begin practicing subtracting these numbers from 10. From this page on, the number subtracted from will remain the same, while the number to be subtracted will change. Please encourage your child to practice until he or she can solve problems easily. If your child is unsure of his or her answer, encourage him or her to check it by adding the result to the number subtracted.

■ Subtract the numbers below.

(1) $10 - 1 =$

(2) $10 - 2 =$

(3) $10 - 3 =$

(4) $10 - 4 =$

(5) $10 - 5 =$

(6) $10 - 6 =$

(7) $10 - 7 =$

(8) $10 - 8 =$

(9) $10 - 9 =$

(10) $10 - 10 =$

(11) $10 - 2 =$

(12) $10 - 6 =$

(13) $10 - 8 =$

(14) $10 - 1 =$

(15) $10 - 9 =$

(16) $10 - 4 =$

(17) $10 - 7 =$

(18) $10 - 3 =$

(19) $10 - 10 =$

(20) $10 - 5 =$

| 0 | 1 | 2 | 3 | 4 | 5 | 6 | 7 | 8 | 9 | 10 |

■ Subtract the numbers below.

(1) $10 - 3 =$

(2) $10 - 1 =$

(3) $10 - 5 =$

(4) $10 - 8 =$

(5) $10 - 6 =$

(6) $10 - 9 =$

(7) $10 - 10 =$

(8) $10 - 7 =$

(9) $10 - 2 =$

(10) $10 - 4 =$

(11) $10 - 10 =$

(12) $10 - 1 =$

(13) $10 - 3 =$

(14) $10 - 9 =$

(15) $10 - 4 =$

(16) $10 - 6 =$

(17) $10 - 8 =$

(18) $10 - 2 =$

(19) $10 - 7 =$

(20) $10 - 5 =$

Subtracting from 10

10-1 to 10-10

Name

Date

■ Subtract the numbers below.

(1) $10 - 1 =$

(2) $10 - 3 =$

(3) $10 - 7 =$

(4) $10 - 2 =$

(5) $10 - 5 =$

(6) $10 - 7 =$

(7) $10 - 8 =$

(8) $10 - 9 =$

(9) $10 - 10 =$

(10) $10 - 6 =$

(11) $10 - 2 =$

(12) $10 - 5 =$

(13) $10 - 9 =$

(14) $10 - 4 =$

(15) $10 - 7 =$

(16) $10 - 1 =$

(17) $10 - 10 =$

(18) $10 - 6 =$

(19) $10 - 8 =$

(20) $10 - 3 =$

■ Subtract the numbers below.

(1) $10 - 9 =$

(2) $10 - 4 =$

(3) $10 - 10 =$

(4) $10 - 7 =$

(5) $10 - 2 =$

(6) $10 - 8 =$

(7) $10 - 4 =$

(8) $10 - 6 =$

(9) $10 - 7 =$

(10) $10 - 1 =$

(11) $10 - 10 =$

(12) $10 - 3 =$

(13) $10 - 5 =$

(14) $10 - 2 =$

(15) $10 - 9 =$

(16) $10 - 6 =$

(17) $10 - 1 =$

(18) $10 - 8 =$

(19) $10 - 3 =$

(20) $10 - 5 =$

Name

Date

To parents
Starting with this page, your child will learn to subtract numbers from 11 and will also begin to practice subtracting 0. If he or she does not grasp the concept of 0, please allow the repeated exercises to familiarize him or her with the idea.

■ Subtract the numbers below.

(1) $11 - 1 =$

(2) $11 - 2 =$

(3) $11 - 3 =$

(4) $11 - 4 =$

(5) $11 - 5 =$

(6) $11 - 6 =$

(7) $11 - 7 =$

(8) $11 - 8 =$

(9) $11 - 9 =$

(10) $11 - 10 =$

(11) $11 - 3 =$

(12) $11 - 5 =$

(13) $11 - 1 =$

(14) $11 - 6 =$

(15) $11 - 10 =$

(16) $11 - 2 =$

(17) $11 - 8 =$

(18) $11 - 4 =$

(19) $11 - 9 =$

(20) $11 - 7 =$

0	1	2	3	4	5	6	7	8	9	10	11	12	13	14	15	16	17	18	19	20

■ Subtract the numbers below.

(1) $11 - 1 =$

(2) $11 - 10 =$

(3) $11 - 2 =$

(4) $11 - 9 =$

(5) $11 - 3 =$

(6) $11 - 8 =$

(7) $11 - 4 =$

(8) $11 - 7 =$

(9) $11 - 5 =$

(10) $11 - 6 =$

(11) $11 - 7 =$

(12) $11 - 8 =$

(13) $11 - 9 =$

(14) $11 - 10 =$

(15) $11 - 11 =$

(16) $11 - 0 =$

(17) $11 - 8 =$

(18) $11 - 10 =$

(19) $11 - 0 =$

(20) $11 - 7 =$

(21) $11 - 11 =$

(22) $11 - 9 =$

Subtracting from 11

11−0 to 11−11

■ Subtract the numbers below.

(1) 11 − 0 =

(2) 11 − 10 =

(3) 11 − 3 =

(4) 11 − 5 =

(5) 11 − 1 =

(6) 11 − 6 =

(7) 11 − 2 =

(8) 11 − 8 =

(9) 11 − 4 =

(10) 11 − 7 =

(11) 11 − 1 =

(12) 11 − 6 =

(13) 11 − 3 =

(14) 11 − 9 =

(15) 11 − 0 =

(16) 11 − 7 =

(17) 11 − 4 =

(18) 11 − 11 =

(19) 11 − 5 =

(20) 11 − 2 =

| 0 | 1 | 2 | 3 | 4 | 5 | 6 | 7 | 8 | 9 | 10 | 11 | 12 | 13 | 14 | 15 | 16 | 17 | 18 | 19 | 20 |

■ Subtract the numbers below.

(1) $11 - 4 =$

(2) $11 - 2 =$

(3) $11 - 8 =$

(4) $11 - 10 =$

(5) $11 - 3 =$

(6) $11 - 4 =$

(7) $11 - 3 =$

(8) $11 - 6 =$

(9) $11 - 7 =$

(10) $11 - 0 =$

(11) $11 - 5 =$

(12) $11 - 9 =$

(13) $11 - 8 =$

(14) $11 - 5 =$

(15) $11 - 0 =$

(16) $11 - 7 =$

(17) $11 - 9 =$

(18) $11 - 11 =$

(19) $11 - 6 =$

(20) $11 - 10 =$

(21) $11 - 1 =$

(22) $11 - 11 =$

Subtracting from 12

12-1 to 12-10

Name

Date

■ Subtract the numbers below.

(1) $12 - 1 =$

(2) $12 - 2 =$

(3) $12 - 3 =$

(4) $12 - 4 =$

(5) $12 - 5 =$

(6) $12 - 6 =$

(7) $12 - 7 =$

(8) $12 - 8 =$

(9) $12 - 9 =$

(10) $12 - 10 =$

(11) $12 - 4 =$

(12) $12 - 2 =$

(13) $12 - 7 =$

(14) $12 - 1 =$

(15) $12 - 6 =$

(16) $12 - 3 =$

(17) $12 - 9 =$

(18) $12 - 8 =$

(19) $12 - 10 =$

(20) $12 - 5 =$

| 0 | 1 | 2 | 3 | 4 | 5 | 6 | 7 | 8 | 9 | 10 | 11 | 12 | 13 | 14 | 15 | 16 | 17 | 18 | 19 | 20 |

■ Subtract the numbers below.

(1) $12 - 1 =$

(2) $12 - 11 =$

(3) $12 - 2 =$

(4) $12 - 10 =$

(5) $12 - 3 =$

(6) $12 - 9 =$

(7) $12 - 4 =$

(8) $12 - 8 =$

(9) $12 - 5 =$

(10) $12 - 7 =$

(11) $12 - 6 =$

(12) $12 - 10 =$

(13) $12 - 11 =$

(14) $12 - 12 =$

(15) $12 - 0 =$

(16) $12 - 8 =$

(17) $12 - 10 =$

(18) $12 - 12 =$

(19) $12 - 9 =$

(20) $12 - 0 =$

(21) $12 - 11 =$

(22) $12 - 7 =$

Name	
Date	

■ Subtract the numbers below.

(1) $12 - 1 =$

(2) $12 - 3 =$

(3) $12 - 5 =$

(4) $12 - 2 =$

(5) $12 - 7 =$

(6) $12 - 6 =$

(7) $12 - 0 =$

(8) $12 - 8 =$

(9) $12 - 11 =$

(10) $12 - 3 =$

(11) $12 - 0 =$

(12) $12 - 10 =$

(13) $12 - 1 =$

(14) $12 - 4 =$

(15) $12 - 12 =$

(16) $12 - 2 =$

(17) $12 - 9 =$

(18) $12 - 4 =$

(19) $12 - 6 =$

(20) $12 - 5 =$

0	1	2	3	4	5	6	7	8	9	10	11	12	13	14	15	16	17	18	19	20

■ Subtract the numbers below.

(1) $12 - 6 =$

(2) $12 - 0 =$

(3) $12 - 5 =$

(4) $12 - 9 =$

(5) $12 - 3 =$

(6) $12 - 8 =$

(7) $12 - 4 =$

(8) $12 - 10 =$

(9) $12 - 7 =$

(10) $12 - 9 =$

(11) $12 - 2 =$

(12) $12 - 8 =$

(13) $12 - 5 =$

(14) $12 - 11 =$

(15) $12 - 7 =$

(16) $12 - 12 =$

(17) $12 - 1 =$

(18) $12 - 6 =$

(19) $12 - 12 =$

(20) $12 - 10 =$

(21) $12 - 4 =$

(22) $12 - 11 =$

Subtracting from 13

13 − 1 to 13 − 10

Name

Date

■ Subtract the numbers below.

(1) $13 - 1 =$

(2) $13 - 2 =$

(3) $13 - 3 =$

(4) $13 - 4 =$

(5) $13 - 5 =$

(6) $13 - 6 =$

(7) $13 - 7 =$

(8) $13 - 8 =$

(9) $13 - 9 =$

(10) $13 - 10 =$

(11) $13 - 6 =$

(12) $13 - 8 =$

(13) $13 - 4 =$

(14) $13 - 9 =$

(15) $13 - 7 =$

(16) $13 - 2 =$

(17) $13 - 5 =$

(18) $13 - 1 =$

(19) $13 - 10 =$

(20) $13 - 3 =$

| 0 | 1 | 2 | 3 | 4 | 5 | 6 | 7 | 8 | 9 | 10 | 11 | 12 | 13 | 14 | 15 | 16 | 17 | 18 | 19 | 20 |

13-0 to 13-13

■ Subtract the numbers below.

(1) $13 - 1 =$

(2) $13 - 12 =$

(3) $13 - 2 =$

(4) $13 - 11 =$

(5) $13 - 3 =$

(6) $13 - 10 =$

(7) $13 - 4 =$

(8) $13 - 9 =$

(9) $13 - 5 =$

(10) $13 - 8 =$

(11) $13 - 6 =$

(12) $13 - 7 =$

(13) $13 - 8 =$

(14) $13 - 9 =$

(15) $13 - 10 =$

(16) $13 - 11 =$

(17) $13 - 12 =$

(18) $13 - 13 =$

(19) $13 - 0 =$

(20) $13 - 12 =$

(21) $13 - 0 =$

(22) $13 - 13 =$

Subtracting from 13

13-0 to 13-13

■ Subtract the numbers below.

(1) $13 - 1 =$

(2) $13 - 10 =$

(3) $13 - 2 =$

(4) $13 - 5 =$

(5) $13 - 0 =$

(6) $13 - 4 =$

(7) $13 - 6 =$

(8) $13 - 3 =$

(9) $13 - 9 =$

(10) $13 - 1 =$

(11) $13 - 3 =$

(12) $13 - 7 =$

(13) $13 - 2 =$

(14) $13 - 12 =$

(15) $13 - 11 =$

(16) $13 - 13 =$

(17) $13 - 4 =$

(18) $13 - 8 =$

(19) $13 - 0 =$

(20) $13 - 5 =$

| 0 | 1 | 2 | 3 | 4 | 5 | 6 | 7 | 8 | 9 | 10 | 11 | 12 | 13 | 14 | 15 | 16 | 17 | 18 | 19 | 20 |

■ Subtract the numbers below.

(1) $13 - 1 =$

(2) $13 - 10 =$

(3) $13 - 7 =$

(4) $13 - 0 =$

(5) $13 - 12 =$

(6) $13 - 4 =$

(7) $13 - 9 =$

(8) $13 - 5 =$

(9) $13 - 3 =$

(10) $13 - 8 =$

(11) $13 - 6 =$

(12) $13 - 9 =$

(13) $13 - 11 =$

(14) $13 - 13 =$

(15) $13 - 2 =$

(16) $13 - 13 =$

(17) $13 - 10 =$

(18) $13 - 0 =$

(19) $13 - 11 =$

(20) $13 - 7 =$

(21) $13 - 12 =$

(22) $13 - 8 =$

Review

Subtracting from 11, 12, and 13

Name

Date

To parents
Starting with this page, your child will review subtracting from 11, 12, and 13. If your child is confused or seems to be having trouble, please encourage him or her to return to the previous section for more practice.

■ Subtract the numbers below.

(1) $11 - 1 =$

(2) $12 - 1 =$

(3) $13 - 1 =$

(4) $11 - 2 =$

(5) $12 - 2 =$

(6) $13 - 2 =$

(7) $11 - 3 =$

(8) $12 - 3 =$

(9) $13 - 3 =$

(10) $11 - 4 =$

(11) $12 - 4 =$

(12) $13 - 4 =$

(13) $11 - 5 =$

(14) $12 - 5 =$

(15) $13 - 5 =$

(16) $11 - 6 =$

(17) $12 - 6 =$

(18) $13 - 6 =$

(19) $11 - 7 =$

(20) $12 - 7 =$

(21) $13 - 7 =$

(22) $11 - 8 =$

■ Subtract the numbers below.

(1) $11 - 8 =$

(2) $12 - 8 =$

(3) $13 - 8 =$

(4) $11 - 9 =$

(5) $12 - 9 =$

(6) $13 - 9 =$

(7) $11 - 10 =$

(8) $12 - 10 =$

(9) $13 - 10 =$

(10) $11 - 11 =$

(11) $12 - 11 =$

(12) $13 - 11 =$

(13) $12 - 12 =$

(14) $13 - 12 =$

(15) $13 - 13 =$

(16) $11 - 0 =$

(17) $12 - 0 =$

(18) $13 - 0 =$

(19) $11 - 8 =$

(20) $12 - 9 =$

(21) $13 - 10 =$

(22) $11 - 9 =$

■ Subtract the numbers below.

(1) $11 - 1 =$

(2) $11 - 3 =$

(3) $12 - 8 =$

(4) $13 - 0 =$

(5) $11 - 11 =$

(6) $12 - 2 =$

(7) $12 - 4 =$

(8) $13 - 10 =$

(9) $11 - 9 =$

(10) $13 - 8 =$

(11) $12 - 0 =$

(12) $13 - 4 =$

(13) $12 - 12 =$

(14) $13 - 6 =$

(15) $11 - 5 =$

(16) $13 - 2 =$

(17) $13 - 13 =$

(18) $11 - 7 =$

(19) $12 - 9 =$

(20) $11 - 0 =$

(21) $13 - 12 =$

(22) $12 - 6 =$

■ Subtract the numbers below.

(1) $13 - 1 =$

(2) $12 - 0 =$

(3) $11 - 2 =$

(4) $13 - 3 =$

(5) $12 - 10 =$

(6) $13 - 11 =$

(7) $12 - 7 =$

(8) $13 - 13 =$

(9) $12 - 1 =$

(10) $11 - 4 =$

(11) $13 - 0 =$

(12) $13 - 9 =$

(13) $12 - 11 =$

(14) $11 - 6 =$

(15) $12 - 3 =$

(16) $13 - 5 =$

(17) $11 - 0 =$

(18) $12 - 5 =$

(19) $11 - 8 =$

(20) $11 - 10 =$

(21) $12 - 12 =$

(22) $13 - 7 =$

Subtracting from 14

14-1 to 14-10

Name

Date

■ Subtract the numbers below.

(1) 14 − 1 =

(2) 14 − 2 =

(3) 14 − 3 =

(4) 14 − 4 =

(5) 14 − 5 =

(6) 14 − 6 =

(7) 14 − 7 =

(8) 14 − 8 =

(9) 14 − 9 =

(10) 14 − 10 =

(11) 14 − 3 =

(12) 14 − 7 =

(13) 14 − 2 =

(14) 14 − 5 =

(15) 14 − 1 =

(16) 14 − 8 =

(17) 14 − 4 =

(18) 14 − 10 =

(19) 14 − 6 =

(20) 14 − 9 =

| 0 | 1 | 2 | 3 | 4 | 5 | 6 | 7 | 8 | 9 | 10 | 11 | 12 | 13 | 14 | 15 | 16 | 17 | 18 | 19 | 20 |

■ Subtract the numbers below.

(1) $14 - 2 =$

(2) $14 - 12 =$

(3) $14 - 3 =$

(4) $14 - 11 =$

(5) $14 - 4 =$

(6) $14 - 10 =$

(7) $14 - 5 =$

(8) $14 - 9 =$

(9) $14 - 6 =$

(10) $14 - 8 =$

(11) $14 - 7 =$

(12) $14 - 8 =$

(13) $14 - 9 =$

(14) $14 - 10 =$

(15) $14 - 11 =$

(16) $14 - 12 =$

(17) $14 - 13 =$

(18) $14 - 14 =$

(19) $14 - 0 =$

(20) $14 - 13 =$

(21) $14 - 0 =$

(22) $14 - 14 =$

Subtracting from 14

14-0 to 14-14

Name

Date

■ Subtract the numbers below.

(1) $14 - 2 =$

(2) $14 - 5 =$

(3) $14 - 1 =$

(4) $14 - 0 =$

(5) $14 - 6 =$

(6) $14 - 13 =$

(7) $14 - 8 =$

(8) $14 - 4 =$

(9) $14 - 7 =$

(10) $14 - 14 =$

(11) $14 - 3 =$

(12) $14 - 10 =$

(13) $14 - 1 =$

(14) $14 - 3 =$

(15) $14 - 0 =$

(16) $14 - 4 =$

(17) $14 - 2 =$

(18) $14 - 11 =$

(19) $14 - 9 =$

(20) $14 - 12 =$

| 0 | 1 | 2 | 3 | 4 | 5 | 6 | 7 | 8 | 9 | 10 | 11 | 12 | 13 | 14 | 15 | 16 | 17 | 18 | 19 | 20 |

■ Subtract the numbers below.

(1) $14 - 5 =$

(2) $14 - 7 =$

(3) $14 - 4 =$

(4) $14 - 12 =$

(5) $14 - 6 =$

(6) $14 - 3 =$

(7) $14 - 8 =$

(8) $14 - 6 =$

(9) $14 - 10 =$

(10) $14 - 9 =$

(11) $14 - 5 =$

(12) $14 - 8 =$

(13) $14 - 11 =$

(14) $14 - 1 =$

(15) $14 - 10 =$

(16) $14 - 14 =$

(17) $14 - 0 =$

(18) $14 - 7 =$

(19) $14 - 10 =$

(20) $14 - 13 =$

(21) $14 - 2 =$

(22) $14 - 9 =$

20 Subtracting from 15
15-1 to 15-10

Name

Date

■ Subtract the numbers below.

(1) $15 - 1 =$

(2) $15 - 2 =$

(3) $15 - 3 =$

(4) $15 - 4 =$

(5) $15 - 5 =$

(6) $15 - 6 =$

(7) $15 - 7 =$

(8) $15 - 8 =$

(9) $15 - 9 =$

(10) $15 - 10 =$

(11) $15 - 3 =$

(12) $15 - 1 =$

(13) $15 - 7 =$

(14) $15 - 10 =$

(15) $15 - 4 =$

(16) $15 - 6 =$

(17) $15 - 2 =$

(18) $15 - 9 =$

(19) $15 - 5 =$

(20) $15 - 8 =$

| 0 | 1 | 2 | 3 | 4 | 5 | 6 | 7 | 8 | 9 | 10 | 11 | 12 | 13 | 14 | 15 | 16 | 17 | 18 | 19 | 20 |

■ Subtract the numbers below.

(1) $15 - 3 =$

(2) $15 - 12 =$

(3) $15 - 4 =$

(4) $15 - 11 =$

(5) $15 - 5 =$

(6) $15 - 10 =$

(7) $15 - 6 =$

(8) $15 - 9 =$

(9) $15 - 7 =$

(10) $15 - 8 =$

(11) $15 - 9 =$

(12) $15 - 10 =$

(13) $15 - 11 =$

(14) $15 - 12 =$

(15) $15 - 13 =$

(16) $15 - 14 =$

(17) $15 - 15 =$

(18) $15 - 0 =$

(19) $15 - 14 =$

(20) $15 - 15 =$

(21) $15 - 0 =$

(22) $15 - 15 =$

Name

Date

■ Subtract the numbers below.

(1) $15 - 2 =$

(2) $15 - 9 =$

(3) $15 - 10 =$

(4) $15 - 4 =$

(5) $15 - 6 =$

(6) $15 - 1 =$

(7) $15 - 7 =$

(8) $15 - 14 =$

(9) $15 - 3 =$

(10) $15 - 8 =$

(11) $15 - 5 =$

(12) $15 - 1 =$

(13) $15 - 0 =$

(14) $15 - 12 =$

(15) $15 - 2 =$

(16) $15 - 4 =$

(17) $15 - 11 =$

(18) $15 - 15 =$

(19) $15 - 13 =$

(20) $15 - 3 =$

| 0 | 1 | 2 | 3 | 4 | 5 | 6 | 7 | 8 | 9 | 10 | 11 | 12 | 13 | 14 | 15 | 16 | 17 | 18 | 19 | 20 |

■ Subtract the numbers below.

(1) $15 - 2 =$

(2) $15 - 8 =$

(3) $15 - 6 =$

(4) $15 - 1 =$

(5) $15 - 8 =$

(6) $15 - 10 =$

(7) $15 - 4 =$

(8) $15 - 8 =$

(9) $15 - 7 =$

(10) $15 - 13 =$

(11) $15 - 15 =$

(12) $15 - 7 =$

(13) $15 - 9 =$

(14) $15 - 5 =$

(15) $15 - 0 =$

(16) $15 - 11 =$

(17) $15 - 3 =$

(18) $15 - 6 =$

(19) $15 - 9 =$

(20) $15 - 12 =$

(21) $15 - 14 =$

(22) $15 - 10 =$

Name

Date

■ Subtract the numbers below.

(1) $14 - 1 =$

(2) $15 - 2 =$

(3) $14 - 3 =$

(4) $15 - 4 =$

(5) $14 - 2 =$

(6) $15 - 0 =$

(7) $14 - 0 =$

(8) $15 - 10 =$

(9) $15 - 5 =$

(10) $14 - 10 =$

(11) $15 - 3 =$

(12) $15 - 7 =$

(13) $14 - 6 =$

(14) $15 - 9 =$

(15) $15 - 6 =$

(16) $14 - 7 =$

(17) $14 - 9 =$

(18) $15 - 1 =$

(19) $14 - 4 =$

(20) $14 - 8 =$

(21) $14 - 5 =$

(22) $15 - 8 =$

■ Subtract the numbers below.

(1) $15 - 6 =$

(2) $14 - 5 =$

(3) $15 - 9 =$

(4) $14 - 6 =$

(5) $15 - 7 =$

(6) $15 - 10 =$

(7) $14 - 9 =$

(8) $15 - 8 =$

(9) $14 - 7 =$

(10) $15 - 0 =$

(11) $14 - 8 =$

(12) $14 - 10 =$

(13) $15 - 14 =$

(14) $14 - 12 =$

(15) $15 - 0 =$

(16) $14 - 11 =$

(17) $15 - 13 =$

(18) $14 - 14 =$

(19) $15 - 12 =$

(20) $15 - 15 =$

(21) $14 - 13 =$

(22) $15 - 11 =$

■ Subtract the numbers below.

(1) $10 - 1 =$

(2) $11 - 2 =$

(3) $12 - 2 =$

(4) $11 - 1 =$

(5) $13 - 2 =$

(6) $12 - 1 =$

(7) $13 - 1 =$

(8) $14 - 1 =$

(9) $15 - 1 =$

(10) $10 - 2 =$

(11) $14 - 2 =$

(12) $15 - 2 =$

(13) $12 - 4 =$

(14) $11 - 3 =$

(15) $13 - 4 =$

(16) $14 - 3 =$

(17) $13 - 3 =$

(18) $11 - 4 =$

(19) $12 - 3 =$

(20) $10 - 3 =$

(21) $10 - 4 =$

(22) $15 - 3 =$

■ Subtract the numbers below.

(1) $12 - 4 =$

(2) $12 - 0 =$

(3) $10 - 5 =$

(4) $10 - 0 =$

(5) $12 - 5 =$

(6) $14 - 4 =$

(7) $15 - 0 =$

(8) $11 - 5 =$

(9) $15 - 4 =$

(10) $13 - 0 =$

(11) $13 - 4 =$

(12) $13 - 5 =$

(13) $14 - 0 =$

(14) $10 - 6 =$

(15) $14 - 5 =$

(16) $13 - 6 =$

(17) $11 - 0 =$

(18) $14 - 6 =$

(19) $15 - 5 =$

(20) $11 - 6 =$

(21) $15 - 6 =$

(22) $12 - 6 =$

Review

Subtracting from 10 to 15

Name

Date

■ Subtract the numbers below.

(1) $10 - 7 =$

(2) $11 - 8 =$

(3) $12 - 7 =$

(4) $10 - 8 =$

(5) $11 - 7 =$

(6) $13 - 8 =$

(7) $14 - 7 =$

(8) $13 - 7 =$

(9) $12 - 8 =$

(10) $10 - 10 =$

(11) $10 - 9 =$

(12) $15 - 7 =$

(13) $14 - 8 =$

(14) $15 - 8 =$

(15) $11 - 10 =$

(16) $12 - 9 =$

(17) $11 - 9 =$

(18) $13 - 9 =$

(19) $12 - 10 =$

(20) $14 - 9 =$

(21) $13 - 10 =$

(22) $15 - 9 =$

■ Subtract the numbers below.

(1) $10 - 10 =$

(2) $12 - 11 =$

(3) $11 - 10 =$

(4) $14 - 11 =$

(5) $14 - 10 =$

(6) $11 - 11 =$

(7) $13 - 10 =$

(8) $13 - 11 =$

(9) $15 - 10 =$

(10) $12 - 10 =$

(11) $15 - 11 =$

(12) $13 - 12 =$

(13) $12 - 12 =$

(14) $13 - 13 =$

(15) $15 - 15 =$

(16) $14 - 12 =$

(17) $15 - 0 =$

(18) $15 - 14 =$

(19) $15 - 13 =$

(20) $15 - 12 =$

(21) $14 - 13 =$

(22) $14 - 14 =$

Name

Date

■ Subtract the numbers below.

(1) $16 - 1 =$

(2) $16 - 2 =$

(3) $16 - 3 =$

(4) $16 - 4 =$

(5) $16 - 5 =$

(6) $16 - 6 =$

(7) $16 - 7 =$

(8) $16 - 8 =$

(9) $16 - 9 =$

(10) $16 - 10 =$

(11) $16 - 4 =$

(12) $16 - 8 =$

(13) $16 - 10 =$

(14) $16 - 1 =$

(15) $16 - 6 =$

(16) $16 - 3 =$

(17) $16 - 5 =$

(18) $16 - 2 =$

(19) $16 - 7 =$

(20) $16 - 9 =$

| 0 | 1 | 2 | 3 | 4 | 5 | 6 | 7 | 8 | 9 | 10 | 11 | 12 | 13 | 14 | 15 | 16 | 17 | 18 | 19 | 20 |

16-0 to 16-16

■ Subtract the numbers below.

(1) $16 - 4 =$

(2) $16 - 12 =$

(3) $16 - 5 =$

(4) $16 - 11 =$

(5) $16 - 6 =$

(6) $16 - 10 =$

(7) $16 - 7 =$

(8) $16 - 9 =$

(9) $16 - 8 =$

(10) $16 - 9 =$

(11) $16 - 10 =$

(12) $16 - 11 =$

(13) $16 - 12 =$

(14) $16 - 13 =$

(15) $16 - 14 =$

(16) $16 - 15 =$

(17) $16 - 16 =$

(18) $16 - 0 =$

(19) $16 - 15 =$

(20) $16 - 0 =$

(21) $16 - 16 =$

(22) $16 - 14 =$

Subtracting from 16

16–0 to 16–16

Name

Date

■ Subtract the numbers below.

(1) 16 − 3 =

(2) 16 − 5 =

(3) 16 − 1 =

(4) 16 − 9 =

(5) 16 − 4 =

(6) 16 − 0 =

(7) 16 − 8 =

(8) 16 − 7 =

(9) 16 − 2 =

(10) 16 − 10 =

(11) 16 − 6 =

(12) 16 − 1 =

(13) 16 − 11 =

(14) 16 − 14 =

(15) 16 − 16 =

(16) 16 − 2 =

(17) 16 − 13 =

(18) 16 − 15 =

(19) 16 − 12 =

(20) 16 − 3 =

| 0 | 1 | 2 | 3 | 4 | 5 | 6 | 7 | 8 | 9 | 10 | 11 | 12 | 13 | 14 | 15 | 16 | 17 | 18 | 19 | 20 |

■ Subtract the numbers below.

(1) $16 - 4 =$

(2) $16 - 7 =$

(3) $16 - 5 =$

(4) $16 - 10 =$

(5) $16 - 9 =$

(6) $16 - 2 =$

(7) $16 - 6 =$

(8) $16 - 3 =$

(9) $16 - 8 =$

(10) $16 - 1 =$

(11) $16 - 15 =$

(12) $16 - 0 =$

(13) $16 - 16 =$

(14) $16 - 12 =$

(15) $16 - 5 =$

(16) $16 - 9 =$

(17) $16 - 8 =$

(18) $16 - 11 =$

(19) $16 - 14 =$

(20) $16 - 6 =$

(21) $16 - 13 =$

(22) $16 - 7 =$

27

Subtracting from 17

17−1 to 17−10

Name

Date

■ Subtract the numbers below.

(1) $17 - 1 =$

(2) $17 - 2 =$

(3) $17 - 3 =$

(4) $17 - 4 =$

(5) $17 - 5 =$

(6) $17 - 6 =$

(7) $17 - 7 =$

(8) $17 - 8 =$

(9) $17 - 9 =$

(10) $17 - 10 =$

(11) $17 - 1 =$

(12) $17 - 6 =$

(13) $17 - 10 =$

(14) $17 - 8 =$

(15) $17 - 5 =$

(16) $17 - 3 =$

(17) $17 - 7 =$

(18) $17 - 9 =$

(19) $17 - 2 =$

(20) $17 - 4 =$

| 0 | 1 | 2 | 3 | 4 | 5 | 6 | 7 | 8 | 9 | 10 | 11 | 12 | 13 | 14 | 15 | 16 | 17 | 18 | 19 | 20 |

17-0 to 17-17

■ Subtract the numbers below.

(1) 17 − 5 =

(2) 17 − 12 =

(3) 17 − 6 =

(4) 17 − 11 =

(5) 17 − 7 =

(6) 17 − 10 =

(7) 17 − 8 =

(8) 17 − 9 =

(9) 17 − 10 =

(10) 17 − 11 =

(11) 17 − 12 =

(12) 17 − 13 =

(13) 17 − 14 =

(14) 17 − 15 =

(15) 17 − 16 =

(16) 17 − 17 =

(17) 17 − 0 =

(18) 17 − 16 =

(19) 17 − 14 =

(20) 17 − 17 =

(21) 17 − 0 =

(22) 17 − 15 =

Subtracting from 17

17−0 to 17−17

Name

Date

■ Subtract the numbers below.

(1) $17 - 2 =$

(2) $17 - 7 =$

(3) $17 - 1 =$

(4) $17 - 3 =$

(5) $17 - 0 =$

(6) $17 - 8 =$

(7) $17 - 10 =$

(8) $17 - 6 =$

(9) $17 - 9 =$

(10) $17 - 5 =$

(11) $17 - 15 =$

(12) $17 - 11 =$

(13) $17 - 13 =$

(14) $17 - 4 =$

(15) $17 - 14 =$

(16) $17 - 0 =$

(17) $17 - 16 =$

(18) $17 - 12 =$

(19) $17 - 8 =$

(20) $17 - 17 =$

| 0 | 1 | 2 | 3 | 4 | 5 | 6 | 7 | 8 | 9 | 10 | 11 | 12 | 13 | 14 | 15 | 16 | 17 | 18 | 19 | 20 |

■ Subtract the numbers below.

(1) 17 − 4 =

(2) 17 − 7 =

(3) 17 − 6 =

(4) 17 − 3 =

(5) 17 − 9 =

(6) 17 − 0 =

(7) 17 − 5 =

(8) 17 − 2 =

(9) 17 − 8 =

(10) 17 − 1 =

(11) 17 − 10 =

(12) 17 − 12 =

(13) 17 − 8 =

(14) 17 − 11 =

(15) 17 − 7 =

(16) 17 − 14 =

(17) 17 − 9 =

(18) 17 − 17 =

(19) 17 − 15 =

(20) 17 − 10 =

(21) 17 − 16 =

(22) 17 − 13 =

Name

Date

■ Subtract the numbers below.

(1) 18 − 1 =

(2) 18 − 2 =

(3) 18 − 3 =

(4) 18 − 4 =

(5) 18 − 5 =

(6) 18 − 6 =

(7) 18 − 7 =

(8) 18 − 8 =

(9) 18 − 9 =

(10) 18 − 10 =

(11) 18 − 6 =

(12) 18 − 3 =

(13) 18 − 7 =

(14) 18 − 2 =

(15) 18 − 9 =

(16) 18 − 4 =

(17) 18 − 8 =

(18) 18 − 10 =

(19) 18 − 1 =

(20) 18 − 5 =

0 1 2 3 4 5 6 7 8 9 10 11 12 13 14 15 16 17 18 19 20

■ Subtract the numbers below.

(1) $18 - 6 =$

(2) $18 - 12 =$

(3) $18 - 7 =$

(4) $18 - 11 =$

(5) $18 - 8 =$

(6) $18 - 10 =$

(7) $18 - 9 =$

(8) $18 - 10 =$

(9) $18 - 11 =$

(10) $18 - 12 =$

(11) $18 - 13 =$

(12) $18 - 14 =$

(13) $18 - 15 =$

(14) $18 - 16 =$

(15) $18 - 17 =$

(16) $18 - 18 =$

(17) $18 - 0 =$

(18) $18 - 16 =$

(19) $18 - 0 =$

(20) $18 - 18 =$

(21) $18 - 15 =$

(22) $18 - 17 =$

Name

Date

■ Subtract the numbers below.

(1) $18 - 5 =$

(2) $18 - 1 =$

(3) $18 - 6 =$

(4) $18 - 3 =$

(5) $18 - 9 =$

(6) $18 - 0 =$

(7) $18 - 14 =$

(8) $18 - 8 =$

(9) $18 - 12 =$

(10) $18 - 7 =$

(11) $18 - 9 =$

(12) $18 - 13 =$

(13) $18 - 11 =$

(14) $18 - 16 =$

(15) $18 - 10 =$

(16) $18 - 15 =$

(17) $18 - 17 =$

(18) $18 - 2 =$

(19) $18 - 18 =$

(20) $18 - 4 =$

| 0 | 1 | 2 | 3 | 4 | 5 | 6 | 7 | 8 | 9 | 10 | 11 | 12 | 13 | 14 | 15 | 16 | 17 | 18 | 19 | 20 |

■ Subtract the numbers below.

(1) $18 - 7 =$

(2) $18 - 5 =$

(3) $18 - 8 =$

(4) $18 - 3 =$

(5) $18 - 6 =$

(6) $18 - 4 =$

(7) $18 - 0 =$

(8) $18 - 2 =$

(9) $18 - 9 =$

(10) $18 - 1 =$

(11) $18 - 10 =$

(12) $18 - 12 =$

(13) $18 - 16 =$

(14) $18 - 13 =$

(15) $18 - 11 =$

(16) $18 - 15 =$

(17) $18 - 17 =$

(18) $18 - 9 =$

(19) $18 - 18 =$

(20) $18 - 14 =$

(21) $18 - 10 =$

(22) $18 - 0 =$

Name

Date

■ Subtract the numbers below.

(1) $19 - 1 =$

(2) $19 - 2 =$

(3) $19 - 3 =$

(4) $19 - 4 =$

(5) $19 - 5 =$

(6) $19 - 6 =$

(7) $19 - 7 =$

(8) $19 - 8 =$

(9) $19 - 9 =$

(10) $19 - 10 =$

(11) $19 - 2 =$

(12) $19 - 4 =$

(13) $19 - 8 =$

(14) $19 - 3 =$

(15) $19 - 9 =$

(16) $19 - 6 =$

(17) $19 - 10 =$

(18) $19 - 5 =$

(19) $19 - 1 =$

(20) $19 - 7 =$

0	1	2	3	4	5	6	7	8	9	10	11	12	13	14	15	16	17	18	19	20

■ Subtract the numbers below.

(1) $19 - 7 =$

(2) $19 - 12 =$

(3) $19 - 8 =$

(4) $19 - 11 =$

(5) $19 - 9 =$

(6) $19 - 10 =$

(7) $19 - 11 =$

(8) $19 - 12 =$

(9) $19 - 13 =$

(10) $19 - 14 =$

(11) $19 - 15 =$

(12) $19 - 16 =$

(13) $19 - 17 =$

(14) $19 - 18 =$

(15) $19 - 19 =$

(16) $19 - 0 =$

(17) $19 - 15 =$

(18) $19 - 17 =$

(19) $19 - 0 =$

(20) $19 - 19 =$

(21) $19 - 16 =$

(22) $19 - 18 =$

Name

Date

■ Subtract the numbers below.

(1) $19 - 4 =$

(2) $19 - 8 =$

(3) $19 - 1 =$

(4) $19 - 6 =$

(5) $19 - 2 =$

(6) $19 - 9 =$

(7) $19 - 7 =$

(8) $19 - 3 =$

(9) $19 - 10 =$

(10) $19 - 5 =$

(11) $19 - 0 =$

(12) $19 - 14 =$

(13) $19 - 12 =$

(14) $19 - 17 =$

(15) $19 - 19 =$

(16) $19 - 13 =$

(17) $19 - 18 =$

(18) $19 - 16 =$

(19) $19 - 11 =$

(20) $19 - 15 =$

| 0 | 1 | 2 | 3 | 4 | 5 | 6 | 7 | 8 | 9 | 10 | 11 | 12 | 13 | 14 | 15 | 16 | 17 | 18 | 19 | 20 |

■ Subtract the numbers below.

(1) $19 - 1 =$

(2) $19 - 9 =$

(3) $19 - 6 =$

(4) $19 - 3 =$

(5) $19 - 7 =$

(6) $19 - 0 =$

(7) $19 - 4 =$

(8) $19 - 8 =$

(9) $19 - 2 =$

(10) $19 - 10 =$

(11) $19 - 5 =$

(12) $19 - 12 =$

(13) $19 - 16 =$

(14) $19 - 19 =$

(15) $19 - 15 =$

(16) $19 - 11 =$

(17) $19 - 17 =$

(18) $19 - 13 =$

(19) $19 - 10 =$

(20) $19 - 18 =$

(21) $19 - 14 =$

(22) $19 - 0 =$

33

Subtracting from 20

20-1 to 20-10

Name

Date

To parents
Starting with this page, your child will practice subtracting numbers from 20. Please encourage your child to repeatedly practice until he or she can deal with large numbers without getting confused.

■ Subtract the numbers below.

(1) $20 - 1 =$

(2) $20 - 2 =$

(3) $20 - 3 =$

(4) $20 - 4 =$

(5) $20 - 5 =$

(6) $20 - 6 =$

(7) $20 - 7 =$

(8) $20 - 8 =$

(9) $20 - 9 =$

(10) $20 - 10 =$

(11) $20 - 3 =$

(12) $20 - 8 =$

(13) $20 - 5 =$

(14) $20 - 7 =$

(15) $20 - 2 =$

(16) $20 - 9 =$

(17) $20 - 4 =$

(18) $20 - 1 =$

(19) $20 - 6 =$

(20) $20 - 10 =$

| 0 | 1 | 2 | 3 | 4 | 5 | 6 | 7 | 8 | 9 | 10 | 11 | 12 | 13 | 14 | 15 | 16 | 17 | 18 | 19 | 20 |

■ Subtract the numbers below.

(1) $20 - 8 =$

(2) $20 - 12 =$

(3) $20 - 9 =$

(4) $20 - 11 =$

(5) $20 - 10 =$

(6) $20 - 11 =$

(7) $20 - 12 =$

(8) $20 - 13 =$

(9) $20 - 14 =$

(10) $20 - 15 =$

(11) $20 - 16 =$

(12) $20 - 17 =$

(13) $20 - 18 =$

(14) $20 - 19 =$

(15) $20 - 20 =$

(16) $20 - 0 =$

(17) $20 - 18 =$

(18) $20 - 16 =$

(19) $20 - 20 =$

(20) $20 - 19 =$

(21) $20 - 0 =$

(22) $20 - 17 =$

34

Subtracting from 20

20-0 to 20-20

Name

Date

■ Subtract the numbers below.

(1) 20 − 8 =

(2) 20 − 0 =

(3) 20 − 7 =

(4) 20 − 3 =

(5) 20 − 5 =

(6) 20 − 2 =

(7) 20 − 9 =

(8) 20 − 4 =

(9) 20 − 6 =

(10) 20 − 10 =

(11) 20 − 14 =

(12) 20 − 16 =

(13) 20 − 13 =

(14) 20 − 15 =

(15) 20 − 20 =

(16) 20 − 12 =

(17) 20 − 17 =

(18) 20 − 11 =

(19) 20 − 19 =

(20) 20 − 18 =

| 0 | 1 | 2 | 3 | 4 | 5 | 6 | 7 | 8 | 9 | 10 | 11 | 12 | 13 | 14 | 15 | 16 | 17 | 18 | 19 | 20 |

■ Subtract the numbers below.

(1) $20 - 2 =$

(2) $20 - 8 =$

(3) $20 - 3 =$

(4) $20 - 5 =$

(5) $20 - 7 =$

(6) $20 - 0 =$

(7) $20 - 4 =$

(8) $20 - 1 =$

(9) $20 - 9 =$

(10) $20 - 6 =$

(11) $20 - 10 =$

(12) $20 - 13 =$

(13) $20 - 15 =$

(14) $20 - 11 =$

(15) $20 - 16 =$

(16) $20 - 12 =$

(17) $20 - 19 =$

(18) $20 - 14 =$

(19) $20 - 20 =$

(20) $20 - 17 =$

(21) $20 - 0 =$

(22) $20 - 18 =$

Name

Date

■ Subtract the numbers below.

(1) $19 - 1 =$

(2) $16 - 2 =$

(3) $20 - 1 =$

(4) $18 - 1 =$

(5) $17 - 2 =$

(6) $16 - 1 =$

(7) $20 - 1 =$

(8) $17 - 1 =$

(9) $19 - 2 =$

(10) $18 - 2 =$

(11) $16 - 3 =$

(12) $17 - 4 =$

(13) $16 - 4 =$

(14) $17 - 3 =$

(15) $16 - 5 =$

(16) $19 - 3 =$

(17) $20 - 4 =$

(18) $18 - 3 =$

(19) $17 - 5 =$

(20) $18 - 4 =$

(21) $20 - 3 =$

(22) $19 - 4 =$

■ Subtract the numbers below.

(1) $18 - 5 =$

(2) $18 - 0 =$

(3) $16 - 6 =$

(4) $19 - 5 =$

(5) $16 - 0 =$

(6) $20 - 5 =$

(7) $20 - 0 =$

(8) $17 - 0 =$

(9) $18 - 6 =$

(10) $19 - 0 =$

(11) $17 - 6 =$

(12) $16 - 7 =$

(13) $18 - 8 =$

(14) $19 - 6 =$

(15) $16 - 8 =$

(16) $20 - 6 =$

(17) $17 - 8 =$

(18) $17 - 7 =$

(19) $19 - 7 =$

(20) $20 - 7 =$

(21) $18 - 7 =$

(22) $19 - 8 =$

36

Review
Subtracting from 16 to 20

■ Subtract the numbers below.

(1) 20 − 8 =

(2) 16 − 10 =

(3) 18 − 9 =

(4) 16 − 9 =

(5) 19 − 10 =

(6) 19 − 9 =

(7) 17 − 9 =

(8) 18 − 10 =

(9) 20 − 9 =

(10) 17 − 10 =

(11) 20 − 10 =

(12) 16 − 11 =

(13) 17 − 12 =

(14) 18 − 11 =

(15) 16 − 12 =

(16) 19 − 12 =

(17) 17 − 11 =

(18) 20 − 12 =

(19) 19 − 11 =

(20) 16 − 13 =

(21) 18 − 12 =

(22) 20 − 11 =

■ Subtract the numbers below.

(1) $16 - 15 =$

(2) $20 - 13 =$

(3) $17 - 15 =$

(4) $20 - 15 =$

(5) $16 - 16 =$

(6) $19 - 15 =$

(7) $20 - 14 =$

(8) $18 - 15 =$

(9) $16 - 16 =$

(10) $17 - 17 =$

(11) $17 - 16 =$

(12) $19 - 17 =$

(13) $18 - 16 =$

(14) $20 - 18 =$

(15) $20 - 16 =$

(16) $19 - 16 =$

(17) $20 - 17 =$

(18) $19 - 18 =$

(19) $18 - 17 =$

(20) $20 - 19 =$

(21) $18 - 18 =$

(22) $20 - 20 =$

37

Review
Subtracting from 10 to 15

Name

Date

To parents
Starting with this page, your child will review subtraction formulas taught in this workbook. If your child is confused or seems to be having trouble, please encourage him or her to return to the section that deals with the number he or she finds difficult. Once your child can easily solve formulas including large numbers, he or she has mastered basic subtraction. Please offer lots of praise.

■ Subtract the numbers below.

(1) $12 - 0 =$

(2) $13 - 3 =$

(3) $13 - 1 =$

(4) $10 - 0 =$

(5) $12 - 2 =$

(6) $14 - 0 =$

(7) $11 - 0 =$

(8) $10 - 2 =$

(9) $13 - 0 =$

(10) $11 - 3 =$

(11) $15 - 0 =$

(12) $15 - 1 =$

(13) $13 - 2 =$

(14) $10 - 1 =$

(15) $12 - 3 =$

(16) $14 - 1 =$

(17) $10 - 3 =$

(18) $11 - 1 =$

(19) $14 - 3 =$

(20) $11 - 2 =$

(21) $14 - 2 =$

(22) $12 - 1 =$

Subtracting from 15 to 20

■ Subtract the numbers below.

(1) $16 - 1 =$

(2) $19 - 2 =$

(3) $18 - 2 =$

(4) $16 - 0 =$

(5) $19 - 0 =$

(6) $15 - 2 =$

(7) $16 - 3 =$

(8) $20 - 0 =$

(9) $17 - 2 =$

(10) $16 - 2 =$

(11) $15 - 3 =$

(12) $17 - 3 =$

(13) $20 - 1 =$

(14) $17 - 1 =$

(15) $20 - 3 =$

(16) $18 - 1 =$

(17) $19 - 1 =$

(18) $17 - 0 =$

(19) $20 - 2 =$

(20) $19 - 3 =$

(21) $18 - 0 =$

(22) $18 - 3 =$

Name

Date

75

■ Subtract the numbers below.

(1) $10 - 4 =$

(2) $13 - 5 =$

(3) $12 - 4 =$

(4) $14 - 5 =$

(5) $15 - 4 =$

(6) $11 - 4 =$

(7) $11 - 6 =$

(8) $14 - 4 =$

(9) $12 - 5 =$

(10) $13 - 7 =$

(11) $10 - 5 =$

(12) $15 - 5 =$

(13) $12 - 7 =$

(14) $14 - 6 =$

(15) $13 - 6 =$

(16) $11 - 5 =$

(17) $12 - 6 =$

(18) $10 - 6 =$

(19) $11 - 7 =$

(20) $13 - 4 =$

(21) $14 - 7 =$

(22) $10 - 7 =$

Subtracting from 15 to 20

■ Subtract the numbers below.

(1) $16 - 4 =$

(2) $20 - 4 =$

(3) $18 - 5 =$

(4) $17 - 4 =$

(5) $15 - 6 =$

(6) $19 - 5 =$

(7) $16 - 5 =$

(8) $16 - 6 =$

(9) $15 - 7 =$

(10) $18 - 4 =$

(11) $20 - 5 =$

(12) $17 - 5 =$

(13) $19 - 4 =$

(14) $18 - 7 =$

(15) $16 - 7 =$

(16) $19 - 6 =$

(17) $17 - 7 =$

(18) $20 - 7 =$

(19) $17 - 6 =$

(20) $19 - 7 =$

(21) $20 - 6 =$

(22) $18 - 6 =$

39 Review
Subtracting from 10 to 15

Name

Date

■ Subtract the numbers below.

(1) $11 - 8 =$

(2) $13 - 9 =$

(3) $10 - 8 =$

(4) $11 - 9 =$

(5) $14 - 9 =$

(6) $12 - 10 =$

(7) $12 - 8 =$

(8) $13 - 8 =$

(9) $10 - 9 =$

(10) $12 - 11 =$

(11) $13 - 10 =$

(12) $10 - 10 =$

(13) $11 - 11 =$

(14) $11 - 10 =$

(15) $12 - 9 =$

(16) $13 - 11 =$

(17) $15 - 9 =$

(18) $14 - 11 =$

(19) $14 - 8 =$

(20) $15 - 8 =$

(21) $12 - 12 =$

(22) $14 - 10 =$

Subtracting from 15 to 20

■ Subtract the numbers below.

(1) $16 - 8 =$

(2) $17 - 10 =$

(3) $19 - 9 =$

(4) $17 - 9 =$

(5) $16 - 10 =$

(6) $18 - 9 =$

(7) $16 - 9 =$

(8) $15 - 10 =$

(9) $17 - 11 =$

(10) $17 - 8 =$

(11) $18 - 8 =$

(12) $20 - 9 =$

(13) $19 - 8 =$

(14) $15 - 11 =$

(15) $20 - 8 =$

(16) $20 - 11 =$

(17) $18 - 11 =$

(18) $19 - 10 =$

(19) $16 - 11 =$

(20) $20 - 10 =$

(21) $18 - 10 =$

(22) $19 - 11 =$

40 Review
Subtracting from 13 to 20

■ Subtract the numbers below.

(1) $13 - 12 = 1$

(2) $18 - 14 = 4$

(3) $14 - 13 = 1$

(4) $20 - 12 = 8$

(5) $13 - 13 = 0$

(6) $17 - 12 = 5$

(7) $15 - 13 = 2$

(8) $14 - 12 = 2$

(9) $19 - 12 = 7$

(10) $16 - 14 = 2$

(11) $14 - 14 = 0$

(12) $15 - 14 = 1$

(13) $18 - 12 = 6$

(14) $16 - 12 = 8$

(15) $19 - 14 = 5$

(16) $17 - 13 = 4$

(17) $20 - 13 = 7$

(18) $16 - 13 = 3$

(19) $19 - 13 = 6$

(20) $17 - 14 = 3$

(21) $18 - 13 = 5$

(22) $15 - 12 = 3$

Subtracting from 15 to 20

■ Subtract the numbers below.

(1) $15 - 15 = 0$

(2) $19 - 17 = 2$

(3) $18 - 17 = 1$

(4) $16 - 16 = 0$

(5) $19 - 16 = 3$

(6) $20 - 14 = 6$

(7) $18 - 16 = 2$

(8) $20 - 17 = 3$

(9) $19 - 19 = 0$

(10) $16 - 15 = 1$

(11) $18 - 18 = 0$

(12) $20 - 16 = 4$

(13) $17 - 15 = 2$

(14) $20 - 18 = 2$

(15) $17 - 16 = 1$

(16) $20 - 15 = 5$

(17) $18 - 15 = 3$

(18) $20 - 20 = 0$

(19) $19 - 15 = 4$

(20) $17 - 17 = 0$

(21) $20 - 19 = 1$

(22) $19 - 18 = 1$

Certificate of Achievement

_____

is hereby congratulated on completing

My Book of Subtraction

Presented on _____ , 20 _____

_____
Parent or Guardian

20 − 20 = 0